ISBN: 9798398866568

Website: www.jdalearning.com

Email: jdalearning@gmail.com

Youtube Educational Videos: https://www.youtube.com/c/JadyAlvarez

Instagram: JadyAHomeschool

Multiplication by 0

0 x 0 = 0	0 x 4 =
0 x 1 = 0	0 x 3 =
0 x 2 = 0	0 x 7 =
0 x 3 = 0	0 x 1 =
0 x 4 = 0	0 x 8 =
0 x 5 = 0	0 x 5 =
0 x 6 = 0	0 x 9 =
0 x 7 = 0	0 x 6 =
0 x 8 = 0	0 x 2 =
0 x 9 = 0	0 x 0 =
0 x 10 = 0	0 x 10 =

Multiplication by 0
Practice

Time: _____
Score: _____

0 x 0 =	0 x 2 =
0 x 1 =	0 x 8 =
0 x 2 =	0 x 5 =
0 x 3 =	0 x 1 =
0 x 4 =	0 x 4 =
0 x 5 =	0 x 10 =
0 x 6 =	0 x 0 =
0 x 7 =	0 x 6 =
0 x 8 =	0 x 7 =
0 x 9 =	0 x 3 =
0 x 10 =	0 x 9 =

Multiplication by 1

1 x 0 = 0

1 x 1 = 1

1 x 2 = 2

1 x 3 = 3

1 x 4 = 4

1 x 5 = 5

1 x 6 = 6

1 x 7 = 7

1 x 8 = 8

1 x 9 = 9

1 x 10 = 10

1 x 4 =

1 x 3 =

1 x 7 =

1 x 1 =

1 x 8 =

1 x 5 =

1 x 9 =

1 x 6 =

1 x 2 =

1 x 0 =

1 x 10 =

Multiplication by 1
Practice

1 x 0 =

1 x 1 =

1 x 2 =

1 x 3 =

1 x 4 =

1 x 5 =

1 x 6 =

1 x 7 =

1 x 8 =

1 x 9 =

1 x 10 =

1 x 2 =

1 x 8 =

1 x 5 =

1 x 1 =

1 x 4 =

1 x 10 =

1 x 0 =

1 x 6 =

1 x 7 =

1 x 3 =

1 x 9 =

Multiplication by 1
Practice

1 x 0 =   1 x 9 =

1 x 1 =   1 x 10 =

1 x 2 =   1 x 4 =

1 x 3 =   1 x 7 =

1 x 4 =   1 x 2 =

1 x 5 =   1 x 6 =

1 x 6 =   1 x 1 =

1 x 7 =   1 x 5 =

1 x 8 =   1 x 8 =

1 x 9 =   1 x 3 =

1 x 10 =   1 x 0 =

Multiplication by 1
Practice

1 x 0 =

1 x 1 =

1 x 2 =

1 x 3 =

1 x 4 =

1 x 5 =

1 x 6 =

1 x 7 =

1 x 8 =

1 x 9 =

1 x 10 =

1 x 4 =

1 x 8 =

1 x 1 =

1 x 10 =

1 x 9 =

1 x 3 =

1 x 0 =

1 x 2 =

1 x 7 =

1 x 0 =

1 x 5 =

Multiplication by 1
Practice

1 x 0 =

1 x 1 =

1 x 2 =

1 x 3 =

1 x 4 =

1 x 5 =

1 x 6 =

1 x 7 =

1 x 8 =

1 x 9 =

1 x 10 =

1 x 7 =

1 x 1 =

1 x 4 =

1 x 9 =

1 x 10 =

1 x 8 =

1 x 3 =

1 x 5 =

1 x 0 =

1 x 2 =

1 x 6 =

Multiplication by 2

$2 \times 0 = 0$

$2 \times 1 = 2$

$2 \times 2 = 4$

$2 \times 3 = 6$

$2 \times 4 = 8$

$2 \times 5 = 10$

$2 \times 6 = 12$

$2 \times 7 = 14$

$2 \times 8 = 16$

$2 \times 9 = 18$

$2 \times 10 = 20$

$2 \times 4 =$

$2 \times 3 =$

$2 \times 7 =$

$2 \times 1 =$

$2 \times 8 =$

$2 \times 5 =$

$2 \times 9 =$

$2 \times 6 =$

$2 \times 2 =$

$2 \times 0 =$

$2 \times 10 =$

Multiplication by 2
Practice

$2 \times 0 =$

$2 \times 1 =$

$2 \times 2 =$

$2 \times 3 =$

$2 \times 4 =$

$2 \times 5 =$

$2 \times 6 =$

$2 \times 7 =$

$2 \times 8 =$

$2 \times 9 =$

$2 \times 10 =$

$2 \times 2 =$

$2 \times 8 =$

$2 \times 5 =$

$2 \times 1 =$

$2 \times 4 =$

$2 \times 10 =$

$2 \times 0 =$

$2 \times 6 =$

$2 \times 7 =$

$2 \times 3 =$

$2 \times 9 =$

Multiplication by 2
Practice

$2 \times 0 =$

$2 \times 1 =$

$2 \times 2 =$

$2 \times 3 =$

$2 \times 4 =$

$2 \times 5 =$

$2 \times 6 =$

$2 \times 7 =$

$2 \times 8 =$

$2 \times 9 =$

$2 \times 10 =$

$2 \times 9 =$

$2 \times 10 =$

$2 \times 4 =$

$2 \times 7 =$

$2 \times 2 =$

$2 \times 6 =$

$2 \times 1 =$

$2 \times 5 =$

$2 \times 8 =$

$2 \times 3 =$

$2 \times 0 =$

Multiplication by 2
Practice

2 x 0 =

2 x 1 =

2 x 2 =

2 x 3 =

2 x 4 =

2 x 5 =

2 x 6 =

2 x 7 =

2 x 8 =

2 x 9 =

2 x 10 =

2 x 4 =

2 x 8 =

2 x 1 =

2 x 10 =

2 x 9 =

2 x 3 =

2 x 0 =

2 x 2 =

2 x 7 =

2 x 0 =

2 x 5 =

Multiplication by 2
Practice

$2 \times 0 =$

$2 \times 1 =$

$2 \times 2 =$

$2 \times 3 =$

$2 \times 4 =$

$2 \times 5 =$

$2 \times 6 =$

$2 \times 7 =$

$2 \times 8 =$

$2 \times 9 =$

$2 \times 10 =$

$2 \times 7 =$

$2 \times 1 =$

$2 \times 4 =$

$2 \times 9 =$

$2 \times 10 =$

$2 \times 8 =$

$2 \times 3 =$

$2 \times 5 =$

$2 \times 0 =$

$2 \times 2 =$

$2 \times 6 =$

Multiplication by 3

$3 \times 0 = 0$

$3 \times 1 = 3$

$3 \times 2 = 6$

$3 \times 3 = 9$

$3 \times 4 = 12$

$3 \times 5 = 15$

$3 \times 6 = 18$

$3 \times 7 = 21$

$3 \times 8 = 24$

$3 \times 9 = 27$

$3 \times 10 = 30$

$3 \times 4 =$

$3 \times 3 =$

$3 \times 7 =$

$3 \times 1 =$

$3 \times 8 =$

$3 \times 5 =$

$3 \times 9 =$

$3 \times 6 =$

$3 \times 2 =$

$3 \times 0 =$

$3 \times 10 =$

Multiplication by 3
Practice

3 x 0 =

3 x 1 =

3 x 2 =

3 x 3 =

3 x 4 =

3 x 5 =

3 x 6 =

3 x 7 =

3 x 8 =

3 x 9 =

3 x 10 =

3 x 2 =

3 x 8 =

3 x 5 =

3 x 1 =

3 x 4 =

3 x 10 =

3 x 0 =

3 x 6 =

3 x 7 =

3 x 3 =

3 x 9 =

Multiplication by 3
Practice

$3 \times 0 =$

$3 \times 1 =$

$3 \times 2 =$

$3 \times 3 =$

$3 \times 4 =$

$3 \times 5 =$

$3 \times 6 =$

$3 \times 7 =$

$3 \times 8 =$

$3 \times 9 =$

$3 \times 10 =$

$3 \times 9 =$

$3 \times 10 =$

$3 \times 4 =$

$3 \times 7 =$

$3 \times 2 =$

$3 \times 6 =$

$3 \times 1 =$

$3 \times 5 =$

$3 \times 8 =$

$3 \times 3 =$

$3 \times 0 =$

Multiplication by 3
Practice

$3 \times 0 =$

$3 \times 1 =$

$3 \times 2 =$

$3 \times 3 =$

$3 \times 4 =$

$3 \times 5 =$

$3 \times 6 =$

$3 \times 7 =$

$3 \times 8 =$

$3 \times 9 =$

$3 \times 10 =$

$3 \times 4 =$

$3 \times 8 =$

$3 \times 1 =$

$3 \times 10 =$

$3 \times 9 =$

$3 \times 3 =$

$3 \times 0 =$

$3 \times 2 =$

$3 \times 7 =$

$3 \times 0 =$

$3 \times 5 =$

Multiplication by 3
Practice

$3 \times 0 =$

$3 \times 1 =$

$3 \times 2 =$

$3 \times 3 =$

$3 \times 4 =$

$3 \times 5 =$

$3 \times 6 =$

$3 \times 7 =$

$3 \times 8 =$

$3 \times 9 =$

$3 \times 10 =$

$3 \times 7 =$

$3 \times 1 =$

$3 \times 4 =$

$3 \times 9 =$

$3 \times 10 =$

$3 \times 8 =$

$3 \times 3 =$

$3 \times 5 =$

$3 \times 0 =$

$3 \times 2 =$

$3 \times 6 =$

Multiplication by 4

Time: _____
Score: _____

$4 \times 0 = 0$

$4 \times 1 = 4$

$4 \times 2 = 8$

$4 \times 3 = 12$

$4 \times 4 = 16$

$4 \times 5 = 20$

$4 \times 6 = 24$

$4 \times 7 = 28$

$4 \times 8 = 32$

$4 \times 9 = 36$

$4 \times 10 = 40$

$4 \times 4 =$

$4 \times 3 =$

$4 \times 7 =$

$4 \times 1 =$

$4 \times 8 =$

$4 \times 5 =$

$4 \times 9 =$

$4 \times 6 =$

$4 \times 2 =$

$4 \times 0 =$

$4 \times 10 =$

Multiplication by 4
Practice

4 x 0 =

4 x 1 =

4 x 2 =

4 x 3 =

4 x 4 =

4 x 5 =

4 x 6 =

4 x 7 =

4 x 8 =

4 x 9 =

4 x 10 =

4 x 2 =

4 x 8 =

4 x 5 =

4 x 1 =

4 x 4 =

4 x 10 =

4 x 0 =

4 x 6 =

4 x 7 =

4 x 3 =

4 x 9 =

Multiplication by 4
Practice

4 x 0 =

4 x 1 =

4 x 2 =

4 x 3 =

4 x 4 =

4 x 5 =

4 x 6 =

4 x 7 =

4 x 8 =

4 x 9 =

4 x 10 =

4 x 9 =

4 x 10 =

4 x 4 =

4 x 7 =

4 x 2 =

4 x 6 =

4 x 1 =

4 x 5 =

4 x 8 =

4 x 3 =

4 x 0 =

Multiplication by 4
Practice

$4 \times 0 =$ $4 \times 4 =$

$4 \times 1 =$ $4 \times 8 =$

$4 \times 2 =$ $4 \times 1 =$

$4 \times 3 =$ $4 \times 10 =$

$4 \times 4 =$ $4 \times 9 =$

$4 \times 5 =$ $4 \times 3 =$

$4 \times 6 =$ $4 \times 0 =$

$4 \times 7 =$ $4 \times 2 =$

$4 \times 8 =$ $4 \times 7 =$

$4 \times 9 =$ $4 \times 0 =$

$4 \times 10 =$ $4 \times 5 =$

Multiplication by 4
Practice

4 x 0 =

4 x 1 =

4 x 2 =

4 x 3 =

4 x 4 =

4 x 5 =

4 x 6 =

4 x 7 =

4 x 8 =

4 x 9 =

4 x 10 =

4 x 7 =

4 x 1 =

4 x 4 =

4 x 9 =

4 x 10 =

4 x 8 =

4 x 3 =

4 x 5 =

4 x 0 =

4 x 2 =

4 x 6 =

Multiplication by 5

$5 \times 0 = 0$

$5 \times 1 = 5$

$5 \times 2 = 10$

$5 \times 3 = 15$

$5 \times 4 = 20$

$5 \times 5 = 25$

$5 \times 6 = 30$

$5 \times 7 = 35$

$5 \times 8 = 40$

$5 \times 9 = 45$

$5 \times 10 = 50$

$5 \times 4 =$

$5 \times 3 =$

$5 \times 7 =$

$5 \times 1 =$

$5 \times 8 =$

$5 \times 5 =$

$5 \times 9 =$

$5 \times 6 =$

$5 \times 2 =$

$5 \times 0 =$

$5 \times 10 =$

Multiplication by 5
Practice

5 x 0 =

5 x 1 =

5 x 2 =

5 x 3 =

5 x 4 =

5 x 5 =

5 x 6 =

5 x 7 =

5 x 8 =

5 x 9 =

5 x 10 =

5 x 2 =

5 x 8 =

5 x 5 =

5 x 1 =

5 x 4 =

5 x 10 =

5 x 0 =

5 x 6 =

5 x 7 =

5 x 3 =

5 x 9 =

Multiplication by 5
Practice

5 x 0 =

5 x 1 =

5 x 2 =

5 x 3 =

5 x 4 =

5 x 5 =

5 x 6 =

5 x 7 =

5 x 8 =

5 x 9 =

5 x 10 =

5 x 9 =

5 x 10 =

5 x 4 =

5 x 7 =

5 x 2 =

5 x 6 =

5 x 1 =

5 x 5 =

5 x 8 =

5 x 3 =

5 x 0 =

Multiplication by 5
Practice

5 x 0 =

5 x 1 =

5 x 2 =

5 x 3 =

5 x 4 =

5 x 5 =

5 x 6 =

5 x 7 =

5 x 8 =

5 x 9 =

5 x 10 =

5 x 4 =

5 x 8 =

5 x 1 =

5 x 10 =

5 x 9 =

5 x 3 =

5 x 0 =

5 x 2 =

5 x 7 =

5 x 0 =

5 x 5 =

Multiplication by 5
Practice

5 x 0 =

5 x 1 =

5 x 2 =

5 x 3 =

5 x 4 =

5 x 5 =

5 x 6 =

5 x 7 =

5 x 8 =

5 x 9 =

5 x 10 =

5 x 7 =

5 x 1 =

5 x 4 =

5 x 9 =

5 x 10 =

5 x 8 =

5 x 3 =

5 x 5 =

5 x 0 =

5 x 2 =

5 x 6 =

Multiplication by 6

Time: _____

Score: _____

6 x 0 = 0   6 x 4 =

6 x 1 = 6   6 x 3 =

6 x 2 = 12   6 x 7 =

6 x 3 = 18   6 x 1 =

6 x 4 = 24   6 x 8 =

6 x 5 = 30   6 x 5 =

6 x 6 = 36   6 x 9 =

6 x 7 = 42   6 x 6 =

6 x 8 = 48   6 x 2 =

6 x 9 = 54   6 x 0 =

6 x 10 = 60   6 x 10 =

Multiplication by 6
Practice

6 x 0 =

6 x 1 =

6 x 2 =

6 x 3 =

6 x 4 =

6 x 5 =

6 x 6 =

6 x 7 =

6 x 8 =

6 x 9 =

6 x 10 =

6 x 2 =

6 x 8 =

6 x 5 =

6 x 1 =

6 x 4 =

6 x 10 =

6 x 0 =

6 x 6 =

6 x 7 =

6 x 3 =

6 x 9 =

Multiplication by 6
Practice

6 x 0 =

6 x 1 =

6 x 2 =

6 x 3 =

6 x 4 =

6 x 5 =

6 x 6 =

6 x 7 =

6 x 8 =

6 x 9 =

6 x 10 =

6 x 9 =

6 x 10 =

6 x 4 =

6 x 7 =

6 x 2 =

6 x 6 =

6 x 1 =

6 x 5 =

6 x 8 =

6 x 3 =

6 x 0 =

Multiplication by 6
Practice

$6 \times 0 =$

$6 \times 1 =$

$6 \times 2 =$

$6 \times 3 =$

$6 \times 4 =$

$6 \times 5 =$

$6 \times 6 =$

$6 \times 7 =$

$6 \times 8 =$

$6 \times 9 =$

$6 \times 10 =$

$6 \times 4 =$

$6 \times 8 =$

$6 \times 1 =$

$6 \times 10 =$

$6 \times 9 =$

$6 \times 3 =$

$6 \times 0 =$

$6 \times 2 =$

$6 \times 7 =$

$6 \times 0 =$

$6 \times 5 =$

Multiplication by 6
Practice

6 x 0 =

6 x 1 =

6 x 2 =

6 x 3 =

6 x 4 =

6 x 5 =

6 x 6 =

6 x 7 =

6 x 8 =

6 x 9 =

6 x 10 =

6 x 7 =

6 x 1 =

6 x 4 =

6 x 9 =

6 x 10 =

6 x 8 =

6 x 3 =

6 x 5 =

6 x 0 =

6 x 2 =

6 x 6 =

Multiplication by 7

Time: _____

Score: _____

$7 \times 0 = 0$

$7 \times 1 = 7$

$7 \times 2 = 14$

$7 \times 3 = 21$

$7 \times 4 = 28$

$7 \times 5 = 35$

$7 \times 6 = 42$

$7 \times 7 = 49$

$7 \times 8 = 56$

$7 \times 9 = 63$

$7 \times 10 = 70$

$7 \times 4 =$

$7 \times 3 =$

$7 \times 7 =$

$7 \times 1 =$

$7 \times 8 =$

$7 \times 5 =$

$7 \times 9 =$

$7 \times 6 =$

$7 \times 2 =$

$7 \times 0 =$

$7 \times 10 =$

Multiplication by 7
Practice

7 x 0 =

7 x 1 =

7 x 2 =

7 x 3 =

7 x 4 =

7 x 5 =

7 x 6 =

7 x 7 =

7 x 8 =

7 x 9 =

7 x 10 =

7 x 2 =

7 x 8 =

7 x 5 =

7 x 1 =

7 x 4 =

7 x 10 =

7 x 0 =

7 x 6 =

7 x 7 =

7 x 3 =

7 x 9 =

Multiplication by 7
Practice

7 x 0 =

7 x 1 =

7 x 2 =

7 x 3 =

7 x 4 =

7 x 5 =

7 x 6 =

7 x 7 =

7 x 8 =

7 x 9 =

7 x 10 =

7 x 9 =

7 x 10 =

7 x 4 =

7 x 7 =

7 x 2 =

7 x 6 =

7 x 1 =

7 x 5 =

7 x 8 =

7 x 3 =

7 x 0 =

Multiplication by 7
Practice

$7 \times 0 =$

$7 \times 1 =$

$7 \times 2 =$

$7 \times 3 =$

$7 \times 4 =$

$7 \times 5 =$

$7 \times 6 =$

$7 \times 7 =$

$7 \times 8 =$

$7 \times 9 =$

$7 \times 10 =$

$7 \times 4 =$

$7 \times 8 =$

$7 \times 1 =$

$7 \times 10 =$

$7 \times 9 =$

$7 \times 3 =$

$7 \times 0 =$

$7 \times 2 =$

$7 \times 7 =$

$7 \times 0 =$

$7 \times 5 =$

Multiplication by 7 Practice

Time: _____
Score: _____

7 x 0 =   7 x 7 =

7 x 1 =   7 x 1 =

7 x 2 =   7 x 4 =

7 x 3 =   7 x 9 =

7 x 4 =   7 x 10 =

7 x 5 =   7 x 8 =

7 x 6 =   7 x 3 =

7 x 7 =   7 x 5 =

7 x 8 =   7 x 0 =

7 x 9 =   7 x 2 =

7 x 10 =   7 x 6 =

Multiplication by 8

$8 \times 0 = 0$

$8 \times 1 = 8$

$8 \times 2 = 16$

$8 \times 3 = 24$

$8 \times 4 = 32$

$8 \times 5 = 40$

$8 \times 6 = 48$

$8 \times 7 = 56$

$8 \times 8 = 64$

$8 \times 9 = 72$

$8 \times 10 = 80$

$8 \times 4 =$

$8 \times 3 =$

$8 \times 7 =$

$8 \times 1 =$

$8 \times 8 =$

$8 \times 5 =$

$8 \times 9 =$

$8 \times 6 =$

$8 \times 2 =$

$8 \times 0 =$

$8 \times 10 =$

Multiplication by 8
Practice

8 x 0 =

8 x 1 =

8 x 2 =

8 x 3 =

8 x 4 =

8 x 5 =

8 x 6 =

8 x 7 =

8 x 8 =

8 x 9 =

8 x 10 =

8 x 2 =

8 x 8 =

8 x 5 =

8 x 1 =

8 x 4 =

8 x 10 =

8 x 0 =

8 x 6 =

8 x 7 =

8 x 3 =

8 x 9 =

Multiplication by 8
Practice

8 x 0 =

8 x 1 =

8 x 2 =

8 x 3 =

8 x 4 =

8 x 5 =

8 x 6 =

8 x 7 =

8 x 8 =

8 x 9 =

8 x 10 =

8 x 9 =

8 x 10 =

8 x 4 =

8 x 7 =

8 x 2 =

8 x 6 =

8 x 1 =

8 x 5 =

8 x 8 =

8 x 3 =

8 x 0 =

Multiplication by 8
Practice

$8 \times 0 =$

$8 \times 1 =$

$8 \times 2 =$

$8 \times 3 =$

$8 \times 4 =$

$8 \times 5 =$

$8 \times 6 =$

$8 \times 7 =$

$8 \times 8 =$

$8 \times 9 =$

$8 \times 10 =$

$8 \times 4 =$

$8 \times 8 =$

$8 \times 1 =$

$8 \times 10 =$

$8 \times 9 =$

$8 \times 3 =$

$8 \times 0 =$

$8 \times 2 =$

$8 \times 7 =$

$8 \times 0 =$

$8 \times 5 =$

Multiplication by 8
Practice

Time: _____
Score: _____

$8 \times 0 =$

$8 \times 1 =$

$8 \times 2 =$

$8 \times 3 =$

$8 \times 4 =$

$8 \times 5 =$

$8 \times 6 =$

$8 \times 7 =$

$8 \times 8 =$

$8 \times 9 =$

$8 \times 10 =$

$8 \times 7 =$

$8 \times 1 =$

$8 \times 4 =$

$8 \times 9 =$

$8 \times 10 =$

$8 \times 8 =$

$8 \times 3 =$

$8 \times 5 =$

$8 \times 0 =$

$8 \times 2 =$

$8 \times 6 =$

Multiplication by 9

Time: _____
Score: _____

$9 \times 0 = 0$

$9 \times 1 = 9$

$9 \times 2 = 18$

$9 \times 3 = 27$

$9 \times 4 = 36$

$9 \times 5 = 45$

$9 \times 6 = 54$

$9 \times 7 = 63$

$9 \times 8 = 72$

$9 \times 9 = 81$

$9 \times 10 = 90$

$9 \times 4 =$

$9 \times 3 =$

$9 \times 7 =$

$9 \times 1 =$

$9 \times 8 =$

$9 \times 5 =$

$9 \times 9 =$

$9 \times 6 =$

$9 \times 2 =$

$9 \times 0 =$

$9 \times 10 =$

Multiplication by 9
Practice

Time: _____
Score: _____

9 x 0 =

9 x 1 =

9 x 2 =

9 x 3 =

9 x 4 =

9 x 5 =

9 x 6 =

9 x 7 =

9 x 8 =

9 x 9 =

9 x 10 =

9 x 2 =

9 x 8 =

9 x 5 =

9 x 1 =

9 x 4 =

9 x 10 =

9 x 0 =

9 x 6 =

9 x 7 =

9 x 3 =

9 x 9 =

Multiplication by 9
Practice

9 x 0 =

9 x 1 =

9 x 2 =

9 x 3 =

9 x 4 =

9 x 5 =

9 x 6 =

9 x 7 =

9 x 8 =

9 x 9 =

9 x 10 =

9 x 9 =

9 x 10 =

9 x 4 =

9 x 7 =

9 x 2 =

9 x 6 =

9 x 1 =

9 x 5 =

9 x 8 =

9 x 3 =

9 x 0 =

Multiplication by 9 Practice

$9 \times 0 =$

$9 \times 1 =$

$9 \times 2 =$

$9 \times 3 =$

$9 \times 4 =$

$9 \times 5 =$

$9 \times 6 =$

$9 \times 7 =$

$9 \times 8 =$

$9 \times 9 =$

$9 \times 10 =$

$9 \times 4 =$

$9 \times 8 =$

$9 \times 1 =$

$9 \times 10 =$

$9 \times 9 =$

$9 \times 3 =$

$9 \times 0 =$

$9 \times 2 =$

$9 \times 7 =$

$9 \times 0 =$

$9 \times 5 =$

Multiplication by 9
Practice

9 x 0 =

9 x 1 =

9 x 2 =

9 x 3 =

9 x 4 =

9 x 5 =

9 x 6 =

9 x 7 =

9 x 8 =

9 x 9 =

9 x 10 =

9 x 7 =

9 x 1 =

9 x 4 =

9 x 9 =

9 x 10 =

9 x 8 =

9 x 3 =

9 x 5 =

9 x 0 =

9 x 2 =

9 x 6 =

Multiplication by 10

$10 \times 0 = 0$	$10 \times 4 =$
$10 \times 1 = 10$	$10 \times 3 =$
$10 \times 2 = 20$	$10 \times 7 =$
$10 \times 3 = 30$	$10 \times 1 =$
$10 \times 4 = 40$	$10 \times 8 =$
$10 \times 5 = 50$	$10 \times 5 =$
$10 \times 6 = 60$	$10 \times 9 =$
$10 \times 7 = 70$	$10 \times 6 =$
$10 \times 8 = 80$	$10 \times 2 =$
$10 \times 9 = 90$	$10 \times 0 =$
$10 \times 10 = 100$	$10 \times 10 =$

Multiplication by 10
Practice

10 x 0 =

10 x 1 =

10 x 2 =

10 x 3 =

10 x 4 =

10 x 5 =

10 x 6 =

10 x 7 =

10 x 8 =

10 x 9 =

10 x 10 =

10 x 2 =

10 x 8 =

10 x 5 =

10 x 1 =

10 x 4 =

10 x 10 =

10 x 0 =

10 x 6 =

10 x 7 =

10 x 3 =

10 x 9 =

Multiplication by 10
Practice

10 x 0 =   10 x 9 =

10 x 1 =   10 x 10 =

10 x 2 =   10 x 4 =

10 x 3 =   10 x 7 =

10 x 4 =   10 x 2 =

10 x 5 =   10 x 6 =

10 x 6 =   10 x 1 =

10 x 7 =   10 x 5 =

10 x 8 =   10 x 8 =

10 x 9 =   10 x 3 =

10 x 10 =   10 x 0 =

Multiplication by 10
Practice

10 x 0 =   10 x 4 =

10 x 1 =   10 x 8 =

10 x 2 =   10 x 1 =

10 x 3 =   10 x 10 =

10 x 4 =   10 x 9 =

10 x 5 =   10 x 3 =

10 x 6 =   10 x 0 =

10 x 7 =   10 x 2 =

10 x 8 =   10 x 7 =

10 x 9 =   10 x 0 =

10 x 10 =   10 x 5 =

Multiplication by 10
Practice

10 x 0 =   10 x 7 =

10 x 1 =   10 x 1 =

10 x 2 =   10 x 4 =

10 x 3 =   10 x 9 =

10 x 4 =   10 x 10 =

10 x 5 =   10 x 8 =

10 x 6 =   10 x 3 =

10 x 7 =   10 x 5 =

10 x 8 =   10 x 0 =

10 x 9 =   10 x 2 =

10 x 10 =   10 x 6 =

Mixed Problems

```
    9          8          0          8          3
x   2      x   1      x   4      x   7      x   8
_____    _____    _____    _____    _____


    0          6          7          8          6
x   5      x   2      x   8      x   0      x   0
_____    _____    _____    _____    _____


    8          4          8          2          7
x   5      x   2      x   5      x  10      x   6
_____    _____    _____    _____    _____


    6         10          0          2          3
x   1      x   9      x   6      x   8      x   6
_____    _____    _____    _____    _____
```

Mixed Problems

10 x 2	10 x 0	10 x 4	0 x 7	10 x 5
5 x 3	1 x 10	10 x 7	8 x 2	8 x 3
3 x 7	1 x 9	5 x 3	9 x 5	7 x 1
6 x 10	0 x 10	4 x 4	9 x 0	0 x 9

Mixed Problems

Time: _____
Score: _____

4 x 6	7 x 1	9 x 0	1 x 9	9 x 6
5 x 2	0 x 10	4 x 0	3 x 2	6 x 8
7 x 6	7 x 3	1 x 3	8 x 3	8 x 10
6 x 10	8 x 9	4 x 9	8 x 7	10 x 3

Mixed Problems

$$\begin{array}{r} 10 \\ \times\ 9 \\ \hline \end{array} \qquad \begin{array}{r} 3 \\ \times\ 2 \\ \hline \end{array} \qquad \begin{array}{r} 10 \\ \times 10 \\ \hline \end{array} \qquad \begin{array}{r} 9 \\ \times\ 3 \\ \hline \end{array} \qquad \begin{array}{r} 2 \\ \times\ 0 \\ \hline \end{array}$$

$$\begin{array}{r} 2 \\ \times\ 6 \\ \hline \end{array} \qquad \begin{array}{r} 2 \\ \times\ 9 \\ \hline \end{array} \qquad \begin{array}{r} 3 \\ \times\ 2 \\ \hline \end{array} \qquad \begin{array}{r} 3 \\ \times\ 8 \\ \hline \end{array} \qquad \begin{array}{r} 1 \\ \times\ 6 \\ \hline \end{array}$$

$$\begin{array}{r} 7 \\ \times\ 7 \\ \hline \end{array} \qquad \begin{array}{r} 0 \\ \times\ 7 \\ \hline \end{array} \qquad \begin{array}{r} 4 \\ \times\ 1 \\ \hline \end{array} \qquad \begin{array}{r} 9 \\ \times\ 6 \\ \hline \end{array} \qquad \begin{array}{r} 9 \\ \times\ 4 \\ \hline \end{array}$$

$$\begin{array}{r} 2 \\ \times\ 7 \\ \hline \end{array} \qquad \begin{array}{r} 4 \\ \times\ 1 \\ \hline \end{array} \qquad \begin{array}{r} 10 \\ \times\ 8 \\ \hline \end{array} \qquad \begin{array}{r} 9 \\ \times\ 4 \\ \hline \end{array} \qquad \begin{array}{r} 7 \\ \times\ 6 \\ \hline \end{array}$$

Mixed Problems

10 x 6	0 x 9	6 x 0	10 x 9	8 x 2
6 x 1	9 x 4	5 x 0	7 x 2	8 x 6
5 x 0	7 x 10	2 x 6	8 x 8	10 x 6
5 x 3	6 x 9	1 x 7	8 x 2	9 x 5

Mixed Problems

0 x 6	10 x 7	7 x 1	4 x 4	0 x 0
10 x 1	5 x 1	0 x 10	1 x 6	7 x 1
10 x 6	6 x 0	9 x 1	10 x 7	3 x 10
5 x 0	1 x 8	8 x 10	1 x 6	5 x 0

Mixed Problems

```
    9        10         1         1         9
x   4     x   2     x   0     x   8     x   4
_____   _____   _____   _____   _____


    4         4         0         9         2
x   3     x   1     x   2     x   5     x  10
_____   _____   _____   _____   _____


    3         9         1         2        10
x   3     x   8     x   2     x   6     x   4
_____   _____   _____   _____   _____


    8         9         4         2         0
x   5     x   7     x   4     x   8     x   9
_____   _____   _____   _____   _____
```

Mixed Problems

Time: _____

Score: _____

$$\begin{array}{r} 4 \\ \times\ 9 \\ \hline \end{array}$$
$$\begin{array}{r} 5 \\ \times\ 6 \\ \hline \end{array}$$
$$\begin{array}{r} 6 \\ \times\ 4 \\ \hline \end{array}$$
$$\begin{array}{r} 7 \\ \times 10 \\ \hline \end{array}$$
$$\begin{array}{r} 6 \\ \times\ 0 \\ \hline \end{array}$$

$$\begin{array}{r} 10 \\ \times\ 6 \\ \hline \end{array}$$
$$\begin{array}{r} 5 \\ \times\ 2 \\ \hline \end{array}$$
$$\begin{array}{r} 4 \\ \times\ 3 \\ \hline \end{array}$$
$$\begin{array}{r} 1 \\ \times 10 \\ \hline \end{array}$$
$$\begin{array}{r} 5 \\ \times\ 0 \\ \hline \end{array}$$

$$\begin{array}{r} 3 \\ \times\ 0 \\ \hline \end{array}$$
$$\begin{array}{r} 7 \\ \times\ 6 \\ \hline \end{array}$$
$$\begin{array}{r} 0 \\ \times\ 7 \\ \hline \end{array}$$
$$\begin{array}{r} 2 \\ \times\ 7 \\ \hline \end{array}$$
$$\begin{array}{r} 2 \\ \times\ 8 \\ \hline \end{array}$$

$$\begin{array}{r} 7 \\ \times\ 2 \\ \hline \end{array}$$
$$\begin{array}{r} 4 \\ \times\ 0 \\ \hline \end{array}$$
$$\begin{array}{r} 6 \\ \times\ 4 \\ \hline \end{array}$$
$$\begin{array}{r} 2 \\ \times\ 3 \\ \hline \end{array}$$
$$\begin{array}{r} 9 \\ \times\ 8 \\ \hline \end{array}$$

Mixed Problems

2 x 6	4 x 10	0 x 6	5 x 8	6 x 4
7 x 8	4 x 7	3 x 8	8 x 7	10 x 5
2 x 7	4 x 8	3 x 4	7 x 9	5 x 3
1 x 0	1 x 7	6 x 7	0 x 2	6 x 6

Mixed Problems

8 x 9	10 x 1	5 x 0	8 x 10	3 x 3
1 x 10	2 x 9	0 x 8	3 x 10	2 x 2
9 x 3	4 x 8	10 x 1	2 x 8	0 x 0
8 x 0	6 x 5	7 x 10	5 x 0	4 x 8

Printed in Great Britain
by Amazon

44551474R00071